Von Vorn

Kerstin Schweiger

AF201058

Von Vorn

Kerstin Schweiger

Bibliografische Information der Deutschen Nationalbibliothek:
Die Deutsche Nationalbibliothek verzeichnet diese Publikation
in der Deutschen Nationalbibliografie; detaillierte
bibliografische Daten sind im Internet über http://dnb.dnb.de
abrufbar.

Herstellung und Verlag: BoD – Books on Demand,
Norderstedt

ISBN: 978-3-7504-2495-1

Lange musste ich überlegen – wo läuft es hin, dieses Geschreibe? Ist es einfach nur ein „von der Seele schreiben", ohne Richtung, ohne Zweck, ja gar ohne Sinn? Einfach nur etwas loswerden, sich dann besser fühlen – und gut? Nein, der Entschluss war schnell gefasst, dass es damit nicht getan ist.

Denn irgendwann habe ich einen wirklich guten Menschen die Geschichte der Sophie Scholl erzählen hören, wie sie vor dem Gefängnis steht, in dem ihr Vater eingesperrt ist und auf der Blockflöte „Die Gedanken sind frei" spielt. Sie spielt es laut, voller offener Überzeugung – in der Hoffnung, dass ihr Vater sie hören kann. Und zeitgleich musste ich auch hören, dass das Lied „Die Gedanken sind frei" in dieser politisch doch so aufgewühlten Zeit zweckentfremdet wurde. Von Möchtegern-Revolutionären mit absolut widerlichem Gedankengut. Menschen, die dieselben Ideologien verfolgen und huldigen, gegen die sich eine Sophie Scholl unter Einsatz ihres Lebens aufgelehnt hat.

Wenn man dann anfängt, dieses politisch motivierte Geschehen, diese demokratiefeindlichen Gruppen etwas näher zu beobachten, ihr Handeln zu verfolgen, dann merkt man schnell: Leider haben sie uns nicht nur dieses Lied geklaut. Durch systematische Verrohung der Sprache, durch propagandaähnliche Hetze vereinnahmen sie vieles für sich, das ihnen nun wirklich, wirklich nicht zusteht. Das Wort „Gutmensch" wurde verformt, zu einem Schimpfwort. Ein links-grün-versiffter Gutmensch wird propagiert als etwas schlechtes, weltfremdes, verachtenswertes und genau das war wohl irgendwann mein Stichwort. Ich möchte mir den „Gutmenschen" nicht nehmen lassen. Ich möchte, dass Menschen gut sind, gut werden, gut handeln und nicht drumherum reden müssen, weil der Begriff in eine solch unpassende Ecke gestellt wurde. Ebenso wie die Angst vor diesem Wort, möchte ich auch die Angst vor Taten vertreiben. Wie oft saß ich selbst zu Hause, hatte gerade tollen Menschen zuge-hört, zugeschaut, die in der Welt wirklich etwas bewegen, die großartiges leisten! Sie hatten mich ergriffen, ermutigt, mir die Augen geöffnet. Nach diesen Momenten war ich selbst unglaublich motiviert, etwas zu tun. Nur was? Diese eine Frage kam immer wieder auf und sie hat mich immer wieder einge-bremst. Was kannst du tun, um die Welt zu verändern? Und weil ich glaube, dass viele Menschen in diesem Dilemma stecken oder stecken könnten, schreibe ich diesen Text. In der Hoffnung, dass es immer genug Gutmenschen geben wird, die den Begriff voll positiver Überzeugung leben.

Wo fängt man an? Das war die erste Frage, die sich mir stellte. Wo fängt man an, wenn man Missstände aufklären und Dinge hinterfragen möchte. Darauf gibt es nur eine ganz einfache Antwort:

Von vorn. Weil man immer von vorne anfängt.

Aber wo ist der Anfang? Wo sucht man den Anfang allen Übels, den Anfang aller Belastung? In einer Welt, in der Neonazis mit Fackeln an historisch trächtigen Orten ungestraft aufmarschieren. In einer Welt, in der die Meere den Spagat schaffen sollen zwischen Urlaubsort, Grundlage für den Lebensunterhalt, Bühne für unnötige Trophäensammlerei, Zuchtstation für Gourmetküche und Müllauffangbecken?

In einer Welt, in der ein Großteil der Menschen vor lauter Bournout und Selbstoptimierung nicht mehr die Zeit hat, das Geld auszugeben, das sie in der 48 Stunden Woche verdienen. Eine 48 Stunden Woche, die man sich selbst auferlegt – weil man die Tarifregelung von 38 Stunden natürlich auf freiwilliger Basis überbieten muss. Man möchte ja schließlich dem Chef gefallen. Man muss sich weiterhin die Miete leisten können und das kann man nicht, wenn im Fall aller Fälle nicht der Kollege gekündigt wird, sondern man selbst. Der Kollege, mit dem man ansonsten gerne die Mittagspause verbringt. Eine groteske Konstellation, wider jedem instinktiven Bedürfnis nach Sicherheit und vertrautem Kontakt, eine groteske, moderne Welt.

Suchen wir den Anfang auf dem Zeitstrahl? Sie wissen schon, dieser lange, lange Papierstreifen, den man früher im Geschichtsunterricht benutzt hat, um den Stoff pädagogisch wertvoll und bildlich zu vermitteln. 7-5-3, Rom schlüpft aus dem Ei, fällt mir da spontan ein. Elementar für das weitere Leben.

Wenn ja, wo beginnt der Zeitstrahl? Noch besser gefragt – wo beginnt das Übel auf dem Zeitstrahl? Wann haben wir angefangen, uns selbst zu schaden? Vielleicht begann das Übel mit den ersten Menschen und wir haben nur etwas lange gebraucht, um tatsächlich darauf zu kommen. Möglicherweise hat es aber auch etwas gedauert, bis sich einiges zum Schlechten gedreht hat. Aber wem gibt der emanzipierte, brave Bürger nun die Schuld? Kann man sich eine Erfindung suchen, die solch negative Veränderungen gebracht hat, dass man sie getrost verteufeln kann, um zumindest sein eigenes Gewissen etwas zu entlasten? Die Straßen? Die Infrastruktur? Den Ottomotor oder den elektrischen Strom? Sind es diese Dinge, mit denen wir unser Klima zerstören, durch die Menschen aus Geldgier zu Monstern werden? So einfach können wir es uns wohl nicht machen. Wo wären wir ohne Mobilität? Ohne Licht und Strom? Nichtmal diese Zeilen könnte ich hier tippen, ohne Menschen, die die Welt besser machen wollten, durch Erfindungsreichtum und Innovation.

Aber wenn wir den Anfang nicht auf dem Zeitstrahl ausmachen können, wo ist dann „vorn"?

Eine Gesellschaft, welche sich wandelt, vom Mammutjäger zum Coffee-to-go-Trinker, die sich kleine Essensportionen mit Plastik umwickelt, um sie in riesigen Discountern, deren Werbesprüche sich nur um das Wort „billiger" drehen, in meterlange Regale zu stellen. Aus denen sich der Kunde viel zu viel kauft, um es dann wegzuwerfen, weil man sich überlegt hat, das „Mindesthaltbarkeitsdatum" als „Ungenießbar-ab-Datum" einzubürgern. Kostet ja nix. Dann lieber weg damit. Und wenn die Kunden dann noch einmal zu gewissenhaft werden, besonnen einkaufen, um nicht wöchentlich die schwarze Tonne voll zu kriegen – ja dann erledigt das der Verkäufer selbst. Dann werden die Regale ausgeleert in die großen Container, denn der Kunde möchte ja frische, überaus hübsche, perfekte Ware haben, und nicht das verkrüppelte Gemüse vom Vortag. Das soll in der Gemüseabteilung auch bitte auf keinen Fall so aussehen, als käme das Zeug vom Feld. Vom Feld? Wo kämen wir denn da hin? Möglicherweise liegt das Problem hier aber auch ganz woanders. Erkennt der zur alles überragenden Gehorsamkeit erzogene Konsument eine Karotte nur noch, wenn sie aussieht, wie frisch nach der DIN geformt? Vielleicht erkennt er Gurken nur noch, wenn sie aufeinandergestapelt alle die gleiche Länge und den gleichen Krümmungsgrad haben. Das Gerücht von den Stadtkindern, die glauben, Kühe seien Lila, hält sich hartnäckig – da ist vieles andere gar nicht mehr so absurd. Zack – Marktlücke! Lasst uns eine App entwickeln, mit der man unförmiges, nicht der optischen Norm entsprechendes Obst und Gemüse fotografieren kann – und die App sagt einem dann, worum es sich handelt! Dann können die Leute künftig mit ihren Smartphones in der Gemüseabteilung stehen, ein Foto nach dem anderen schießen und immer wieder Laute des Erstaunens von sich geben, wenn ihnen das Wischgerät erklärt, dass das keine tropische Süßfrucht aus Afrika ist, sondern Kohlrabi.

Lasst das aber bitte nicht die Generation hören, die tatsächlich noch überlegen musste, ob es heute noch was zu essen gibt für die Familie. Lasst das nicht die Menschen hören, die auch im Jahr 2020 überlegen müssen, ob es denn heute noch was zu essen gibt und zwar nicht aus Mangel an Kreativität oder Überforderung durch 35 sehr innovative Kochbücher a lá „schmeckt alles gleich, heißt nur anders". Nein, ich meine damit die, die aus Mangel an Lebensmitteln überlegen müssen, ob es heute noch etwas zu essen gibt, oder erst morgen wieder.

Natürlich trifft dieses unterstellte Nichtwissen nicht auf alle zu, die Elite erkennt Kohlrabi.   Kohlr-a-b-i.

Betroffen und unwissend sind nur die - wie ich sie gerne nenne – Klischee-Menschen.

Grundsätzlich muss man an dieser Stelle erst einmal unterscheiden: Es gibt Klischees über Menschen, und es gibt Klischee-Menschen. Die erste Kategorie erklärt sich von allein, die kennen wir alle zur Genüge:

- der Soldat ist rechtsradikal,

- der Araber schlägt seine Frau (-en, also alle acht),

- Türken haben alle einen Dönerladen irgendwo in Berlin,

- die Italiener können nur Pizza und Eis machen,

- Studenten feiern eine Party nach der anderen, schwänzen Vorlesungen und sind einfach nur faul,

- Politiker sind unsozial, korrupt und käuflich (wobei die sich ja schon echt Mühe geben, diese Klischees ordentlich am Laufen zu halten),

- Arbeitslose wollen nur nicht arbeiten,

- Handwerker sind eh immer unpünktlich und dumm,

- der Schlüsseldienst zockt dich ab

- und der LKW-Fahrer vor dir ist osteuropäisch, seit 12 Stunden auf der Straße und sturzbetrunken.

Das sind Klischees. Über Menschen.

Ganz anders verhält es sich mit Klischee-Menschen. Das ist eine ganz spezielle Gruppe. Diese Menschen vereinen so viele furchtbare Dinge und trotzdem ist man sich absolut sicher: Die gibt's! Vermutlich, weil man dringend auf eine Referenz angewiesen ist, die schlechter und böser ist, als man selbst. Im folgenden versuche ich, diese Menschengruppe etwas zu erklären – vielleicht kennen Sie ja tatsächlich den ein oder anderen.

Der Klischee-Mensch der jüngeren Generation hört in der Öffentlichkeit immer Musik – in voller Lautstärke, was das Smartphone hergibt! Alternativ zur Musik werden irgendwelche bescheuerten Videos geschaut – ebenfalls mit Ton auf voller Lautstärke, was dann für alle Umstehenden doppelt nervtötend ist, nur lauter Ton, ohne bewegtes Bild, um den Sinn zu verstehen. Bei der Musik handelt es sich grundsätzlich um Schrottmusik. Nun mal ehrlich: Ich bin in Sachen Musik wirklich offen für vieles: Aber bei laut aufgedrehtem Handy in der Öffentlichkeit dachte ich mir tatsächlich noch nie: „Boah geil, das Lied hab ich ja schon lange nicht mehr gehört, das ist richtig gut!". Nein, meistens handelt es sich um Ntz-Ntz-Ntz-Gedöns, das erstens kein Mensch kennt und zweitens kein Mensch hören will.

Untermalt wird diese Musik (wahlweise dieser Video-Ton) meist von „Alter", „boah alter" und „aaaaaalter!". Dem ist nichts hinzuzufügen, ich sehe Sie vor meinem inneren Auge wissentlich nicken.

Dann gibt es diese Klischee-Menschen, die (ebenfalls mit voll aufgedrehter, sogenannter Musik) den ganzen Abend ihre Runden mit dem Auto drehen. Immer und immer wieder fahren sie an einem vorbei, wobei sie sich während des Vorbeifahrens die größte Mühe geben, so auszusehen, als wären sie hier das erste Mal und als wäre diese Gegend völlig unter ihrer Würde – was sie mit einem starren Blick geradeaus und einer Sonnenbrille untermalen. Okay, das ist tatsächlich etwas, das wohl meistens den Menschen auf dem Land geläufig ist. Beim Münchner Stadtverkehr würden sich solche Runden ja dann doch unangenehm in die Länge ziehen. Möglicherweise haben das auch mal die meisten in jungen Jahren gemacht. Führerschein gekriegt und dann zack – erstmal auf große Poser-Tour mit dem putzigen, kleinen, roten Corsa. Aber dann gibt es die, bei denen hält dieser Zustand an.

Der Klischee-Mensch ist laut – vor allem, wenn er in Gruppen auftritt. Er tritt meistens in der Gruppe auf – „die Anderen" könnten ja etwas schlechtes denken, wenn er alleine unterwegs ist. Außerdem müsste man sich ohne Gesellschaft mit seiner eigenen Gedankenwelt beschäftigen – anstrengende und schwierige Geschichte.

Die Lautstärke entlädt sich in kreischendem Lachen und laut geschrienen Sätzen, meist mit recht geringem, inhaltlichen Wert. Gerne trifft man auf diese Gruppen übrigens, wenn man in einem Café sitzt und gerade sein Buch aufschlägt, auf das man sich schon den ganzen Vormittag gefreut hat, oder alternativ, wenn man im Zug nach einem zehn Stunden Tag einfach mal die Augen schließen und etwas dösen möchte. Genau in dem Moment kommt entweder ein Junggesellenabschied oder eine Gruppe Klischee-Menschen an. Jackpot!

Das ist aber nur der nervtötende Teil vieler Klischee-Menschen. Ihr Hauptproblem ist eigentlich, dass sie gefährlich sind. Gefährlich für unsere Umwelt und unsere Zukunft – weil sie unwissend und gleichgültig sind. Gleichgültigkeit und Unwissenheit gepaart mit Desinteresse, das sind wohl die gefährlichsten Eigenschaften, die ein Mensch haben kann.

Ein Klischee-Mensch glaubt nach wie vor, ein Hühnchen für 99 Cent das Kilo, von welchem jetzt Einzelteile in einer Plastikschale im Kühlregal des Discounters liegen, hätte ein schönes Leben auf grünem Gras mit weiten Flächen und netten Artgenossen gehabt. Der Bauer streichelt ihm täglich über den Kamm und verdrückt vor der Schlachtung doch noch die ein oder andere Träne, weil er das Tier so ins Herz geschlossen hat. Solche Menschen muss es ja wohl geben – wie erklärt sich sonst der Absatz solch abartiger „Lebensmittel"? Es kann doch wirklich nicht wirklich sein, dass die Menschen wissen, was sie da einkaufen? Dass man dieses antiobiotikaverseuchte, aufgespritzte „Ding", das ein paar Monate unter zehntausenden Artgenossen ein Dasein aber kein Leben fristete, trotzdem kauft, und seinen Kindern serviert? Aber egal wen Sie fragen, keiner kennt solche Leute – geschweige denn, würde zugeben, selbst einer zu sein, so ein Klischee-Mensch.

Für mich eine absolute Rätselgruppe. Jeder weiß, wer gemeint ist, jeder hat sofort tausende Beispiele im Kopf. Aber keiner kennt auch nur einen persönlich. Und das sind eben diese Klischee-Menschen. Die, mit denen man dann sofort assoziiert, dass sie ihre Bananen an der Bedientheke in eine Plastiktüte packen. Die Bananen, um Gottes Willen! Das ist dieses Obst mit der 1 cm dicken Schale! Wieso packt ihr da diese Tüte drum? Aus Angst, euch bei Berührung der Schale mit irgendwas zu infizieren? Oder ist es die bequeme Gewohnheit unseres Zeit? Vermutlich trägt sich so eine Banane einfach besser in einer Tüte mit Griff. Und diese Tatsache ist so traurig, macht einen so wütend, dass man alles Engagement in die Tonne treten möchte. Man möchte diesen Menschen die Banane an den Kopf werfen und ihnen erklären, dass wir keine Zeit mehr haben für Bequemlichkeit, aber das interessiert den klassischen Klischee-Menschen nicht.

Menschen, bei denen man sofort weiß, dass sie bei den Themen Umwelt- und Klimaschutz desinteressiert mit der Schulter zucken und ihren Müll aus dem fahrenden Auto in den Straßengraben werfen. Seltsamerweise fliegen da immer Zigarettenschachteln, Bierflaschen oder Tüten eines namhaften Fast-Food-Restaurants. Tatsache! Haben Sie schon mal gesehen, dass jemand etwas gesundes aus einem fahrenden Auto geworfen hätte? Einen Apfel zum Beispiel? Niemals! Was heißt das für uns? Sind diese Menschen so derart intelligent, dass sie alles, was gesund ist, essen und das ungesunde quasi als Statement an den Autofahren hinter ihnen aus dem Fenster schmeißen? Frei nach dem Motto: „Schaut her, ich demonstriere gegen ungesunden Pantsch, der sich Essen nennen darf!". Zaaack – Tüte rausgeworfen, Video auf Instagram #aggressivehealthnopantsch. Oder sind diese Leute das glatte Gegenteil? So dumm, dass sie vergessen haben, wo zu Hause die Mülltonne steht.

Ein Klischee-Mensch im besten Alter fliegt zweimal jährlich an den Ballermann zum Feiern (wahlweise hier eine andere Partymeile einsetzen) und ernährt sich dort nur von Müll, der in Einwegplastikgeschirr serviert wird. Er steigt in einem billigen Hotel ab, das die spanische Küche mit Schnitzel und Pommes wunderbar verkörpert und trinkt Schnaps aus Maßkrügen. Für alle

Nichtwisser: Das sind diese großen Gläser, in denen man zu Oktoberfestzeiten einen Liter Bier zum Preis von zwölf Litern kaufen kann. Wenn er denn dann schon Mal im Ausland ist, trifft er sich dort natürlich mit seinen Nachbarn aus Deutschland zum ausgiebigen Umtrunk. Ausländisches Personal reicht ja wohl, da kann man dann wenigstens mit Deutschen zusammensitzen und die Heimat von anderen zumüllen und nachts auch gern vollkotzen. Das natürlich alles nur, weil man eine so unglaublich soziale Ader hat und fremde Länder gerne finanziell unterstützt. Zumindest die urdeutschen, deutschgeführten Lokale in anderen Ländern. Frei nach dem Motto – was der Bauer nicht kennt, frisst er nicht.

Er oder sie fährt zum Joggen mit dem Auto in den zehn Kilometer entfernten Wald – einfach, weil er's kann. Zitat: „Ach ja, die Natur! Diese Stille und die gute Luft, ich brauch das ja regelmäßig bei all dem Stress.". Von der Stille kriegen sie nichts mit – dafür sorgen Kopfhörer, die größentechnisch eher auf den Elefanten Dumbo passen würden als auf menschliche Ohren. Die Fahrt zum ach so idyllischen Wald wird mit einem SUV zurückgelegt, der dank vier Auspuffrohren einen Sound bietet, als käme er direkt aus „The Fast and the Furios" und damit garantiert jedes zur Flucht fähige Lebewesen der so hoch gepriesenen Natur vertreibt. Seine Optik lässt vermuten, anstatt einer Joggingrunde ziehe man in den Krieg und müsse auf dem Weg zum Schützengraben noch ein paar Minenfelder durchqueren. Hat man den Kriegspanzer dann am Waldrand abgestellt (schön quer im Grün, damit man zum idyllischen Waldweg keinen Meter zu weit gehen muss), werden die High-Tech-super-über-mega-Schuhe ausgepackt. Das Paar lockerlässig für 250 €, wohlgemerkt für einen Lauf von ca. 5 Kilometern in gemächlichem Tempo. Zack – die Dumbo-Kopfhörer auf, klassische Entspannungsmusik auf dem Iphone klargemacht (Klassik ist modern, das muss so). Bevor sie loslaufen, natürlich die Tracking-App anwerfen. Standort aktivieren, man tut ja sein bestes, um Facebook und Co mit ordentlich Daten zu füttern und los – knirsch, knirsch, knirsch über den schön ausgebauten, aufgekiesten Waldweg – leider noch nicht geteert, aber bei der Resonanz, bei der ungebrochenen Nachfrage nach „der schönen Natur" ist auch dieser Schritt nicht mehr weit entfernt. Sie werden es lieben – die Klischee-Menschen.

Der Klischee-Mensch schmeißt den Joghurt weg, wenn er auch nur einen Tag über dem Mindesthaltbarkeitsdatum noch im Kühlschrank steht, weil er irgendwo einmal gelesen hat, dass verdorbene Milchprodukte sofort zum Tod führen und weil man ihm gezielt abtrainiert hat, dass er sich auf seinen Geschmackssinn, seinen Geruchssinn und seinen Menschenverstand verlassen kann. Konsumiere! Wenn du nur viel konsumierst, weil du das gekaufte weg wirfst, soll uns das auch recht sein! Da verdienen ja noch mehr Menschen dran, als beim direkten Konsum. Danke!

Der Klischee-Mensch, meist der mittleren Generation, hat eine Religion. Eine. Und das ist die einzig Wahre. Die Trennung von Kirche und Staat, für die wir so dankbar sein müssten, die mit ein Grund ist, warum wir so frei handeln und denken können und dürfen, wie wir es gewohnt sind, diese Trennung ist für ihn nicht vorhanden. Eine Farce. Die Religion steht für ihn gleichauf mit dem Staat und das haben gefälligst auch alle in der Umgebung zu akzeptieren. Kreuze in allen öffentlichen Ämtern – natürlich! Gehört doch zu uns! Kopftücher als Symbol einer anderen Religion? Auf keinen Fall, wollen wir hier nicht sehen. „Wir hier" gehört übrigens zu einer Standard-Floskel des Klischee-Menschen. Es kommt ihm nicht in den Sinn, dass sich die Zeiten geändert haben. Ja, es mag Zeiten in Deutschland gegeben haben, in denen sich ein großer Teil mit dem Christentum identifiziert hat. Es mag sein, dass es immer noch große Teile gibt, die sich damit identifizieren. Aber es ist jetzt eben auch die Zeit angebrochen, in der vor allem die nachfolgende, junge Generation keinen Glauben mehr braucht, um gut zu sein. Das ist es doch, was wir uns neben der tröstenden Vorstellung, dass der Tod nicht das Ende ist, aus der Religion immer herausgesaugt haben. Eine Anleitung, eine Grundvoraussetzung, um gut zu sein. Einen Gott, der von oben zuschaut und uns damit einen Grund gibt, nichts Schlechtes zu tun. Die zehn Gebote, die uns unterscheiden helfen sollen, was gut und was böse ist. Der Teufel, der uns ein Bild gibt vom

Bösen und viele, viele Geschichten, die uns lehren, dass gut immer besser ist.

An dieser Stelle sei angemerkt: Ich möchte hier über Religion nicht freveln. Ich weiß gut, was Religion für Menschen bedeuten kann, wie sie ihnen Halt und Sicherheit gibt in schweren Zeiten, wie sie stützt. Jedoch hört für mich der religiöse Gedanke dort auf, wo man anfängt, ihn anderen aufzudrängen und ihn in den Vordergrund zu stellen. Wo man anfängt, Religion mit Waffengewalt zu verbreiten und andere Menschen darauf reduziert, ob und was sie glauben. Wo Menschen sich in einer modernen Welt wegen des Glaubens radikalisieren, da kann kein harmonisches, friedliches Miteinander entstehen, denn dort steht immer eine Glaubensfront zwischen uns. Was ist so schwer daran, jemand anderen das glauben zu lassen, was er möchte, wenn es ihm hilft und Kraft gibt. Wenn das heißt, dass dein Arbeitskollege im Ramadan fastet, dann lass ihn fasten – bleibt mehr für dich. Wenn dein Lebensglück unbedingt davon abhängen muss, dass du in allen öffentlichen Ämtern auf Kreuze triffst, dann kauf dir ein kleines und bewahre es sorgfältig auf, in deinem Portemonnaie. Du wirst sehen, dein persönliches Kreuz wird dir mehr Kraft geben als ein lieblos, in Verpflichtung aufgehängtes Symbol. Gleichzeitig schaffst du eine Dialoggrundlage, weil du damit aufhörst, anderen deine Symbole aufzwingen zu wollen – und das ist wirklich gut. Aber das kann er nicht, der Klischee-Mensch, er wird spätestens hier auf

Durchzug schalten. Deutschland ist ein christliches Land – zumindest „mein" Deutschland! Punkt.

In perfekter Kombination zur einseitigen Betrachtung von Religion kommt eine klischeehafte, übertriebene Abneigung gegen Ausländer und gegen alle, die irgendwie danach aussehen, ergänzend hinzu. Diese Abneigung kommt oft völlig willkürlich aus Nachplappereien von propagandaähnlichem, öffentlichem Gehetze. Nie, niemals habe ich jemanden getroffen, bei dem die Abneigung daher rührt, dass man tatsächlich einen offensichtlichen Nachteil hatte. Sei es durch Einwanderer oder gar durch Flüchtlinge aus wesentlich schlechter situierten Ländern. Der Hass kommt unbegründet und willkürlich. Kein Job wurde weggenommen durch einen Menschen mit Migrationshintergrund. Kein Verlust der Wohnqualität, weil im unteren Stock jetzt eine syrische Familie wohnt. Keine tätlichen Angriffe – nichts. Nur heiße, nachgeplapperte Luft verpackt in ekelhaftem Hass. Obwohl man seinen eigenen „Stammbaum" nur bis zu seinen Großeltern kennt und daher vermutlich nicht weiß, dank welcher Nationenmischung man eigentlich das geworden ist, was man ist.

Der Klischee-Mensch lässt sich gerne zu Sätzen hinreissen wie: „Wir haben ja keine Wahl". Hier bitte gedanklich einen etwas herablassenden, aber doch mitleidigen Gesichtsausdruck hinzufügen: „Was sollen wir denn tun?" (Ergänzt mit demselben Gesichtsausdruck). Bitte an dieser Stelle am Mitschreibeblock notieren: Wir haben sehr wohl eine Wahl. Alles was wir tun, tun wir aus der Möglichkeit heraus, dass wir eine Wahl haben, das zu tun! Ja, den Satz darf man ruhig zweimal lesen, ruhig auch mal laut vorlesen, auch wenn sich andere Personen mit im Raum befinden – das gibt eine wunderbare Grundlage – wahlweise für ein nettes Gespräch oder eine kleine Prügelei. Jeder hat eine Wahl. Aber wenn ganz viele Menschen parallel glauben, sie hätten keine, dann kann das in einer ganz, ganz schlimmen Katastrophe enden. Ob man hier als Beispiel einen Weltkrieg nimmt oder ganz aktuell die Zerstörung unserer Umwelt, zu der wir tagtäglich beitragen, das ist in diesem Zusammenhang nicht relevant. Relevant ist, dass wir uns bewusst machen, dass wir immer eine Wahl haben.

Das schlimmste am Klischee-Menschen ist jedoch seine Unerreichbarkeit. Er ist zum einen nicht zu erreichen, weil ja, wie vorhin schon erwähnt, keiner einen kennt. Also auch keiner zugibt, einer zu sein. Wenn man aber dann tatsächlich mal auf einen trifft, ist er unerreichbar für jegliche Art von Argumenten. Gerne neigt er aus Hilflosigkeit dazu, alles ins Lächerliche zu ziehen. Wirken Sie dem entgegen! Lachen Sie einfach mit! Das verwirrt diese Menschen komplett und just im Moment der totalen geistigen Verwirrung klatschen Sie Ihr Argument nochmals mit voller Wucht auf den Tisch. Sollten die Argumente, die Sie auf den Tisch klatschen, nicht die gewünschte Wirkung haben, klatschen Sie ihm auch gerne etwas ins Gesicht. Harte Zeiten erfordern harte Maßnahmen. Hierfür eignet sich besonders gut das Hauptobjekt, welches die Uneinsichtigkeit darstellt. Hier zum Beispiel die Banane, die in der Plastiktüte liegt. Aber Vorsicht bei Wassermelonen, ein ausgeknockter Gegner kann nicht mehr zuhören und Argumente begreifen lernen. Wenn Ihnen diese Strategie zu rabiat erscheint oder Sie überzeugter Pazifist sind, dann sprechen Sie ihn alternativ darauf an, dass „etwas ins Lächerliche ziehen" eine ziemlich bescheuerte Strategie ist, deren Hauptverwendung sich bei den Meisten auf die Zeit zwischen dem viertem und neuntem Lebensjahr beschränkt. Endet aber oft damit, dass Sie den Satz wegen Unverständnis wiederholen müssen (dann: Geduld! Geduld!). Oder es endet mit der Version „beleidigte Leberwurst".

Diese beleidigte Leberwurst ist nur deshalb beleidigt, weil sie sich selbst erfolgreich beigebracht hat: Es schläft sich besser ohne schlechtes Gewissen. Schließlich haben wir ja nur dieses eine Leben! Da wollen wir uns gefälligst nicht einschränken lassen und das schon gleich gar nicht von Dingen, die so schön weit weg sind. Die in gedanklich unerreichbarer Ferne zwar im Raum schweben, aber die man doch seltenst bis nie direkt anspricht. Alle diese grün-pazifistischen-möchtegern-Weltretter, die möglichst verpackungsfrei einkaufen, die Menschen als Menschen sehen und sie nicht in Länder unterteilen – ja, genau die kann man so schön verurteilen. Von der Weite natürlich... Einen nahen Gedankengang zulassen ist auch hier nicht möglich. Vielleicht wäre das Einbrechen zu groß, der Realitätsflash nicht zu ertragen, wenn man nur einen einzigen Gedanken daran verschwenden würde, was zur Hölle wir hier eigentlich tun.

Ist es für den menschlichen Verstand denn noch zu begreifen, dass ein Wal elendig verreckt, weil sich 40 Kilo Plastik in seinem Magen befinden? Kann ein Menschenverstand begreifen, dass das, in das er, ohne groß darüber nachzudenken, sein Obst an der Bedientheke einpackt, wenig später ein Lebewesen tötet, an dem Ort, an dem er selbst so gerne seinen All-Inclusive-Urlaub genießt? Ich glaube nicht, dass das noch zu fassen ist. Ich glaube nicht, dass es für die meisten Menschen zu ertragen wäre, würde diese Information tatsächlich bis in die Untiefen des Verstandes vordringen. Deshalb wird die Information nur oberflächlich gespeichert. Mit dem traurigen Vermerk, dass man da mal was unternehmen sollte. Aber verantwortlich fühlen? Um Gottes Willen, für die Übernahme der Verantwortung haben wir schließlich Politiker gewählt. Die sollen das gefälligst gesetzlich regeln, das mit dem Verpackungsmüll. Aaaber bitte nicht zu viel regeln – man möchte sich ja keinesfalls in seinen Freiheiten eingeschränkt wissen.

Wie können wir damit leben, uns den Bauch beim Sonntagsfamilienschmaus im Nobelrestaurant vollzuschaufeln, nachdem wir gestern – wieder einmal - einen Bericht gelesen haben über die vielen Gegenden der Welt, in denen aktuell unerträglicher Hunger herrscht? Möglicherweise haben wir hald auch nur kurz drüber gelesen. Den Inhalt kennen wir ja bereits – die Zustände sind seit Jahren, Jahrzehnten gleich, verschlimmern sich eher als sich zu verbessern. Aber immerhin hatten wir die Tageszeitung vor uns liegen – das kommt schon mal gut an bei den anderen. Wahrgenommen haben wir den Inhalt halt nur nebenbei. Weil wir es in direkter Konfrontation nicht ertragen? Weil uns das Bild einer Schildkröte, in deren Panzer ein Plastikring eingewachsen ist, innerlich so zermürben würde, dass wir es vorher einfach abtun? Wie sang schon STS „i werd kalt und immer kälter". Wenn das seit den Zeiten von STS in einer ansteigenden Kurve so weiter ging – dann sind wir schon bei argh kalt, um nicht zu sagen, eiskalt.

Entschuldigung, damit möchte ich jetzt natürlich keine schlechte Stimmung verbreiten. Schlechte Stimmung können wir uns ja schließlich gar nicht leisten! Irgendwo in einem Wahn zwischen Selbstoptimierung, SelbstPROfilierung und Bournout, da bleibt keine Zeit für schlechte Stimmung oder gar für ein schlechtes Gewissen. Wem gegenüber eigentlich? Wem gegenüber sollte ich denn ein schlechtes Gewissen haben, wenn ich Sonntagnachmittag genüsslich ein Eis schlecke, aus dem Einwegpappbecher mit diesem schönen, bunten Plastiklöffelchen? Das schlechte Gewissen, denen gegenüber, die Hunger leiden? Ach, denen wäre ja wohl nicht geholfen, wenn ich das Eis nicht essen würde. Dann würde man es nämlich wegschmeißen.

Das ist wohl die kürzeste, aber beliebteste Argumentationskette unserer Zeit. Aach, das Fleisch liegt ja jetzt schon in der Kühltruhe bei Aldi. Wenn ich das nicht kaufe, werfen die es weg! Ist ja schade drum! Musste schließlich was für sterben. Also zumindest für den unterirdischen Prozentanteil, der nicht aus Wasser und Antibiotika besteht, musste was sterben. Und das hilft. Wir schaffen es, damit unser Gewissen rein zu halten, weil sich da ein Stoppschild in den Kopf drängt. Ein kleines Männchen in Leuchtfarben gekleidet, mit einem Stoppschild in der Hand, das schreit: „Haaaaalt! Nicht weiter denken. Nicht darüber nachdenken, dass die Nachfrage den Absatz bestimmt und ein sinkender Absatz ganz eventuell die Produktionszahlen senken und die Gedanken nach Alternativen fördern würde. Aber Halt! Nicht daran denken. Wo würde das denn hinführen, würden wir alle daran denken, dass unser eigenes Handeln, ganz allein unser Tun, tatsächlich etwas bewirken könnte auf dieser Welt. Wohin würde das führen... Vielleicht dahin, dass wir künftig bewusster konsumieren? Dass wir uns einschränken, weil es das, was wir guten Gewissens konsumieren können, nicht immer im 100er Pack für 2,99 € gibt?

Oder weil es das, was wir guten Gewissens konsumieren können, nur in der Saison gibt? Keine Erdbeeren im Winter. Ein unerträglicher Gedanke, woraus soll denn dann das Weihnachtsdessert bestehen?".

Womöglich sind es diese Dinge, die das kleine Männchen immer wieder dazu veranlassen, das Stopschild in die Luft zu reissen und uns ganz laut davon abzuhalten, weiter zu denken. Das ist so schade. Ich bin absolut davon überzeugt, dass der menschliche Verstand für mehr geschaffen ist als zu konsumieren. Zu konsumieren und die Zeit bis zum eigenen Ende möglichst effektiv, schnell und hochangesehen tot zu schlagen. Ich bin davon überzeugt, dass der menschliche Verstand eng verbunden ist mit dem Gewissen, das wir tagtäglich unterdrücken und dass die Stoppschranke etwas ist, was wir uns selbst auferlegen. Weil wir keine Zeit mehr haben, uns Gedanken über Konsum zu machen. Wir haben keine Zeit mehr, weil wir beschäftigt sind mit der Suche nach dem perfekten Eigenheim in guter Lage mit Platz für kurzgepflegten Golfrasen, über den täglich der kleine Mähroboter seine Runden dreht, damit die Nachbarn uns nicht nachsagen können, wir würden die Pflege des Rasens vernachlässigen. Mein Gott, der Rasen, das geht doch nicht! Aber Eigenheim sollte schon sein. Also, gesellschaftstechnisch mindestens eine Eigentumswohnung. In den Gebieten, in denen man ein Haus mit Grundstück zu zweit noch innerhalb 55 Jahren abbezahlen kann, dann aber schon ein schnuckeliges Häuschen. Mit Golfrasengarten und da drauf ein kleiner Hasenstall mit kleinen, hochgezüchteten Zwergkaninchen, die nach dem Glaskäfig im Zoofachhandel ihre zweite und damit letzte Lebensstation erreicht haben. Eine Garage, fast so groß wie das Haus, weil entweder ein größeres Haus zu teuer ist, oder eine kleinere Garage nicht reicht für den Familienvan. Den Siebensitzer in dem man höchstens zu viert fährt. Wenn es das nicht wird, wenn man nicht fähig ist, bis spätestens Ende zwanzig dieses doch ganz überschaubare Ziel zu erreichen, na dann muss wenigstens eine ordentliche Karriere her. Das ist deine gesellschaftliche Pflicht! Wenn du schon nicht fähig bist, Bauwirtschaft und Autoindustrie anzukurbeln, wenn du keine Kraft daran verschwendest, einen künftigen Rentenzahler in die Welt zu setzen, dann hast du wenigstens die Pflicht, eine Bilderbuchkarriere hinzulegen, quasi die Karriereleiter hochzusprinten. Du hast keinen Studienabschluss? – ouhhhh schwierig. Das dann bitte mit dementsprechendem Fleiß egalisieren und/oder dich dementsprechend noch ein bisschen mehr unter Wert verkaufen. Konkret heißt das dann: Wer weniger als 46 Stunden die Woche arbeitet, ist sowieso ein ziemlich fauler Sack. Du hast ja keine Kinder, zu denen du Heim musst. Keine Baustelle, in der du dir dein Eigenheim errichtest. Ergo kannst du arbeiten und zwar bis du umfällst. Ein kleiner Bournout ist nur die gesellschaftliche Belohnung für ausreichend Fleiß – immerhin springt da ja eine kleine Reha für dich raus. Vollpension, die du mit etwas Glück nicht einmal selbst finanzieren musst! Halloho!

Sollten diese Dinge nicht der Grund sein, warum du keine Zeit hast, dir Gedanken über dein Konsumverhalten zu machen, dann gibt es dafür noch genug andere. Nachdem du deine Schulbildung erfolgreich absolviert hast (oder halt einfach absolviert hast), bombardieren sie dich mit Sachen, die du unbedingt regeln musst. Regeln muss man ungefähr alles im Leben. Man ist frische 18, hat seinen ersten Job (Wahlweise ist man auch frische 28 und hat nach einigen, mehreren Semestern seinen ersten Job) und unterschreibt die erste, fette Berufsunfähigkeitsversicherung. Für einen Beruf, bei dem man möglicherweise innerhalb eines halben Jahres feststellt, dass das nicht soooo das gelbe vom Ei ist. Jedenfalls nicht dessen Ei, das man die nächsten 45 Jahre zum Frühstück haben möchte. Und weil der nette Herr von der Versicherung jetzt schon mal da ist, erweitern wir die Dinge, die man „regeln" muss gleich. Du unterzeichnest private Absicherungen für dein Rentenalter. Du sorgst vor für Kinder, die du noch gar nicht hast, versicherst dein nicht vorhandenes Haus gegen Schäden durch Stürme, die immer stärker und heftiger werden – dafür sorgst du mit deiner Spritschleuder ja praktischerweise auf deinen 250 Kilometern täglicher Pendlerstrecke ganz von selbst! Dann versuchst du, dasselbe Eigentum gegen Hochwasserschäden zu versichern, weil du weißt, dass das Gebiet recht anfällig für das alljährliche Jahrhunderthochwasser ist. Das geht allerdings nur zu utopischen Konditionen (oder gar nicht) – eben weil der Eintrittsfall doch recht wahrscheinlich ist. Eine normalpreisige Hochwasserschadenversicherung kannst du in Deutschland nämlich nur abschließen, wenn dein gemeldeter Erstwohnsitz in der Sahara liegt oder auf der Zugspitze.

Das sind die ersten Dinge, die man dir aufhalst. Man schickt dich zwischen neun und zwölf Jahre zur Schule. Je nachdem in welches System man dich einsortiert. Dort darfst du nicht einmal das Formular für die nächste Klassenfahrt selbst ausfüllen. Aber nach dieser Schulzeit – zack – werfen sie dich auf die Straße, friss oder stirb. Welch perverse Logik steckt dahinter, Kinder in ein System zu stecken, in dem das auswendig lernen von Gedichten über die Jahresfortgangsnote und damit die spätere Ausgangsposition in der Gesellschaft entscheiden kann, in dem man aber nicht einmal die nötigen Sozialkompetenzen erlernt werden, um eigenständig einen Zahnarzttermin zu vereinbaren? Den klugen jungen Menschen am Gymnasium wird immer wieder der „Ihr seid die Elite"-Satz eingetrichtert – dass sie die „Kaffe-kochen-Dienstjahre" im Job später sofort überspringen und nach dem Studium direkt in die Chefetage einsteigen. Schön, wenn dann ein vollends theoretisch geprägter Mensch einem praktisch orientierten Gesellen, der sich seit 35 Jahren am Bau ans körperliche Limit schuftet, plötzlich erklärt, dass es viel wichtiger und schlauer ist, das Haus schön zu zeichnen als zu mauern.

Statt solcher Nichtigkeiten wie Sozialkompetenz und Lebenspraxis hat man dir ein großes, ganz wichtiges Wort mitgegeben: Konsum. Du musst konsumieren, um jemand zu sein. Du musst kaufen: Neu kaufen, individuell kaufen, viel kaufen und das nicht im stillen Kämmerlein. Gekauftes ist dazu da, um gezeigt zu werden. Wie sonst erklärt es sich, dass man für Klamotten hunderte, ja tausende Euro ausgibt, um diese nach einer Saison dann zu entsorgen? Selbst Kleiderspenden sind nicht möglich, da mit solch unpassenden, völlig verstörenden Schnitten kein Mensch in irgend einem Land der Welt irgendetwas sinnvolles anfangen könnte. Sogar den Aufgaben eines Putzlappens sind die meisten nur schwer gewachsen. Aber es wird ausgetauscht, jedes Jahr wieder prangern die „Sales-Schilder" an den Läden, wechselnd mit den Jahreszeiten heißen die nur alle paar Wochen anders. Gefühlt gibt es im Einzelhandel auch wesentlich mehr Jahreszeiten, als wir es bisher gewohnt waren, muss wohl am Klimawandel liegen. Jedes Jahr aufs neue werden die Wühltische überrumpelt von völlig Verzweifelten, die damit irgend einem Ideal hinterherrennen, das sie sowieso nie zu ihrer völligen Zufriedenheit erfüllen werden. Was würde passieren, würden wir uns nur in diesem Sektor nicht der Zwanghaftigkeit des Konsums hingeben? Wenn wir alle darauf verzichten würden, jährlich den ganzen Schrank auszutauschen, nur weil ein Möchtegern-Promi versehentlich bekifft in einen Farbkübel gefallen ist? Vermutlich würden wir alle unsere Teile länger tragen. Vielleicht würden auf Grund der sinkenden Nachfrage höherwertigere, zeitlose Kleidungsstücke produziert werden. Vielleicht würden wir ein Loch im Hemd wieder flicken, anstatt das Hemd wegzuwerfen. Schließlich erinnern wir uns lange an den gestiegenen Preis. Wir hätten nicht mehr die Möglichkeit, uns über jemanden ein Urteil zu bilden, weil er die Kleidung trägt, die er gerade trägt. Weil wir uns dann nicht mehr darüber Gedanken machen könnten, ob er jetzt sehr viel Geld hat, weil er dem neuesten Trend folgen kann oder eben kein Geld hat, weil er das Shirt aus der letzten Saison trägt. Würde uns dieses Verhalten tatsächlich zu einer weniger voreingenommenen, offeneren Gesellschaft machen? Nur das eingeschränkte Verhalten in diesem Sektor? „Aber halt!", schreit da der aufgeklärte Konsument, „Die armen Leute in Bangladesch! Die Kinder, die unsere schweineteuren Klamotten unter menschenunwürdigen Bedingungen für menschenunwürdige Bezahlung nähen. Die haben ja dann keinen Job mehr.". So schaffen wir es, wir aufgeklärten, gutmütigen Europäer, uns die schlimmsten Sachen der Welt noch schönzureden. Wir sind auf einem Level angelangt, an dem wir uns einreden, dass wir ja immerhin Bedingungen unterstützen, wenn auch menschenverachtende Bedingungen. Aber immerhin besser als keine Bedingungen zu unterstützen, oder? Wäre Hilfe zur Selbsthilfe nicht eine viel bessere Form der Unterstützung als der Konsum von menschenverachtenden Gütern? „Haaaaalt.", das neongelb gekleidete Männchen mit dem Stoppschild. Da ist es wieder und fuchtelt damit in unseren Köpfen herum, nicht weiter denken. Hilfe zur Selbsthilfe für Länder, in denen es schlechter läuft als bei uns, das wäre ein großes politisches Unterfangen. Also ein grooooßes politisches Unterfangen. Darum sollen sich dann auch bitte große Politiker kümmern, basta, schlechtes Gewissen Adieu. Solange man die Option hat, seine Verantwortung auf andere abzuwälzen, ist das alles eigentlich ganz easy. Für das gute Gewissen haben wir ja gestern die Fairtrade Bananen bei Lidl gekauft. Waren immerhin einen Euro teurer als die normalen. Na, wenn da mal nicht der Wille zur Weltrettung da ist, dann weiß ich auch nicht! Aber tiefere Ansätze verfolgen, nein danke.

Genau an dem Punkt liegt eines der schwerwiegenden Probleme unserer Gesellschaft. Wir verfolgen keine tieferen Ansätze mehr. Wir lassen uns aufhalten von einem neongelben Männchen mit Stoppschild im Kopf. Da zeigt sich kein Wille, wirklich etwas zu verändern. Nur das Schulterzucken, das resignierende „Was soll ich bewirken". Ich habe es bereits geschrieben und ich schreibe es gerne nochmal: Jeder kann etwas bewirken, jeder hat die Wahl. Wenn wir alle mit den Schultern zucken, anstatt etwas anzupacken, wenn wir alle nur zuschauen und darauf warten, dass sich jemand anders darum kümmert, dann sind wir dazu verdammt, ein wirklich unschönes Ende zu erleben. Und wenn nicht wir, dann eben eine der nächsten Generationen und sie werden uns verdammt nochmal hassen für unsere Untätigkeit, für unser resigniertes Schulterzucken, mit dem wir darauf warten, dass wir die Verantwortung abgeben können – darauf warten, dass die Verantwortung doch endlich, endlich!, jemand in die Hand nimmt.

Wenn wir dann in diesem Zusammenhang vergleichen, wann es beispielsweise die ersten Warnungen zur Veränderung des Klimas, zur extremen Verschmutzung der Weltmeere und der restlichen Umwelt gab – und wie viel seit dem passiert ist. Ja dann muss man leider sagen: Da könnt ihr lange drauf warten, dass diese Verantwortung mal jemand freiwillig übernimmt. Die Menschen, die tatsächlich größere Schritte in die Wege leiten könnten sind gesteuert von Geld, Macht und anderen Menschen mit noch mehr Geld und Macht, deren größtes Interesse auf keinen Fall sein kann, dass weniger Autos auf den Straßen fahren oder weniger Güter konsumiert werden. Ganz im Gegenteil: Das große Ziel der Großen ist so weit weg von einer lebenswerten Welt, von einem genesenden Planeten, wie wir es uns gar nicht vorstellen können. Das zu wissen ist zwar nicht schön, aber doch mal etwas befreiend. Dieser Satz nimmt uns zwar weitestgehend viel mehr in die Pflicht als wir zwei Sätze vorher noch wahrhaben wollten. Er gibt uns aber auch endlich die Befähigung und Berechtigung, etwas zu tun! Er nimmt uns die ewige Ausrede weg, dass sich doch bitte die Mächtigen der Welt um die Probleme der Welt, um die Probleme des Planeten, kümmern sollen. Ich bitte Sie, man nennt sie „die Mächtigen" der Welt. Also kümmern sie sich auch um das, um „die Macht". Wenn sie sich um die Probleme kümmern würden, würden sie auch anders heißen. Also ist es unsere Zeit, unsere Aufgabe, etwas zu verändern.

Nun denn. Jetzt sitzen wir da, bewegungsunfähig und fragen uns: „Was kann ich denn tun?". Ich sage: „Wir können alle so unglaublich viel tun, so viel bewegen, wenn wir uns dessen nur bewusst sind.". Alles beginnt damit, dass wir einen Antrieb brauchen. Jeder Mensch braucht einen Grund, um seinen Arsch hochzukriegen, wenn man das mal so salopp dahin schreiben darf. Also suchen Sie sich einen Grund. Der Grund kann ein Mensch sein, der einen durch sein Tun motiviert – der den Weg voranschreitet, den man sich für sich selbst auch vorstellen kann. Der etwas tut, von dem man sagt – das ergreift mich! Der Antrieb kann genauso gut ein Sport sein – ein Hobby, ein Buch, Musik hören oder Musik selber machen. Die Optionen sind unendlich vielfältig, also finden Sie ihren Antrieb. Brennen Sie für etwas oder brennen Sie für eine Kombination aus verschiedenen Dingen. Manchmal läuft eine Sache nicht gut, da ist eine Reserve oft die richtige Option, um nicht zu verbrennen. Wenn man das erstmal gefunden hat – einen Grund, um aufzustehen, einen Grund den biestigen Chef zu überstehen, einen Grund, doch noch wach zu bleiben, obwohl man einfach nur müde umfallen möchte – ja dann ist der erste große Schritt getan. Menschen, die eine Sache gefunden haben, für die sie brennen, schaffen es wesentlich leichter, sich auch für weitere Dinge zu motivieren.

Haben wir also unseren Antrieb gefunden, können wir uns die Energie daraus holen und Schritt für Schritt zu einem Weltverbesserer werden. Keine Angst, wir müssen dafür nicht in selbstgenähten Juteklamotten und Blumenkränzen im Haar herumlaufen, Joints rauchen und den ganzen Tag komisch grinsen. Obwohl, wäre das die schlechteste Option?

Zurück zum Thema: für die gutsituierten Weltverbesserer gibt es gleich zu Anfang eine tolle Option, einen Beitrag zu leisten. Fragen Sie sich mal, worauf Sie im Monat verzichten können und spenden Sie. Falls Sie sich jetzt denken: „Wah, was für ein elendiger Spendenaufruf! Was für eine billige Art, um für etwas zu werben! Von wem wird die denn bezahlt?". Ich werbe für gar nichts. Ich werde nicht für Spendenaufrufe bezahlt. Jeder hat seine Prioriäten. Aber ich weiß auch, dass 98 Prozent der Menschen, die ich in meinem Leben kennengelernt habe, im Monat gut und gerne auf 10 oder 20 Euro verzichten könnten und dass es viele, viele Hilfsorganisationen gibt, die großartiges leisten. Sei es gegen den Hunger in der Welt, für den Tierschutz, für Menschen, die vor grausamen Kriegen fliehen müssen. Natürlich genauso für Menschen in der Region, die nach grausigen Schicksalsschlägen Hilfe dringend brauchen. Also, warum immer auf den Spendenmarathon im Radio zur Weihnachtszeit warten? Warum nicht einmal im Monat auf die Pizza vom Italiener für 10,50 € verzichten und die stattdessen selber machen? Nein, dafür gibt es keine Ausrede. Wer zu doof ist, 'ne Pizza zu machen, kocht gefälligst Nudeln oder Suppe, um Himmels Willen. Wenn man das nötige Kleingeld hat, auswärts Essen zu gehen, in einer Welt, in der Menschen am anderen Ende tatsächlich mangels Lebensmittel verhungern, dann hat man auch das nötige Kleingeld, um zu spenden. So einfach ist die Rechnung – jeder, der sich hier noch eine Ausrede einfallen lässt, sich etwas schön redet, ist ein Ignorant und hat eine mittlerweile sehr innige Beziehung zu dem Männchen mit Stoppschild im Kopf. Ja, liebe Leute, die Wahrheit ist grausam, da müsst ihr wohl durch.

Und wer jetzt dachte – boah, dieses Spendending, grausam, das kann ja jetzt nur noch besser und für mich Wohlstandseuropäer nur noch einfacher werden, hoppla, es folgt die Enttäuschung: Es wird nicht einfacher, aber es wird gut, wenn wir uns aufraffen, nachdem wir jetzt unseren Antrieb gefunden haben, nachdem wir unser schlechtes Gewissen mit einer kleinen monatlichen Spende erleichtern (die uns nebenbei dazu gebracht hat, kochen zu lernen –

Chapeau!). Ein weiterer, großartiger Punkt, der die Welt und uns selbst besser macht, ist die Beherztheit. An dieser Stelle wollte ich eigentlich den Begriff „Zivilcourage" verwenden. Aber der ist so gewichtig, die meisten Menschen brechen schon in Angstschweiß aus, wenn sie das Wort Zivilcourage nur hören. Per Dudendefinition heißt Zivilcourage: „Mut, den jemand beweist, indem er humane und demokratische Werte (z.B. Menschenwürde, Gerechtigkeit) ohne Rücksicht auf eventuelle Folgen in der Öffentlichkeit, gegenüber Obrigkeiten, Vorgesetzten u.a. Vertritt". - Rumms! Wir denken an Superhelden, die sich in öffentliche Prügeleien einmischen, die Leute davon abhalten, von Hochhäusern zu springen und dergleichen. Eine gewaltige Kraft. Im gleichen Zug findet man unterhalb der Definition dieses Wortes, direkt bei den Synonymen, das Wort Beherztheit und das beschreibt es so viel schöner, damit können wir uns so viel besser identifizieren: Beherzt sein. Einfach mal hingehen und fragen: „Kann ich Ihnen vielleicht helfen?". Ich garantiere Ihnen, die Frau, die versucht, mit einem Kinderwagen aus einem Bus die gefühlten drei Meter Höhenunterschied zum Gehweg (für ein barrierefreies Deutschland, blabla) zu überbrücken, ist froh und dankbar über ein derartiges Angebot. Einfach mal die Tür aufhalten. Einfach mal entgegen aller deutschen Grundsätze den anderen nicht sofort potentiell doof finden.

Nachdem wir durch unsere Beherztheit jetzt ordentlich an Selbstbewusstsein gewonnen haben, können wir zum nächsten Schritt übergehen: Unseren Konsum überdenken, bewusst konsumieren und im Zweifel auch mal verzichten. An dieser Stelle kommt der hammerharte Teil, an dem viele stark zu knabbern haben. In einer Gesellschaft, die immer davon profitiert, dass massig konsumiert wird, kommt man um die Versuchungen nicht so leicht herum. Aber man kann es „versuchen" und aus eigener Erfahrung kann ich sagen: Es tut wirklich gut. An dieser Stelle sei versichert: Um ein unerträglicher Gutmensch zu werden, müssen wir nicht von 2 Euro im Monat leben und in einem Recyclezelt wohnen. Es reicht, wenn wir uns vor dem Konsum einfach mal fragen: „Braucht's das jetzt?". Und ja natürlich – gönnen Sie sich mal was! Das gehört dazu, niemand soll sich den Spaß am Leben vermiesen lassen oder gar selbst vermiesen. Aber vielleicht kann man sich bei so einer „Gönnung" (Gönnung?) einfach mal fragen, ob sich damit die Situation für jemand anderen stark verschlechtert. Wenn ja – ist es die Sache dann wirklich wert? Ein kleines Beispiel zur Veranschaulichung: Wir leben im Deutschland der vier Jahreszeiten (lauwarm und nass, heiß und trocken, lauwarm und nass, kalt) und brauchen deshalb nach dem „lauwarm und nass" eine schöne, kuschelige Jacke für das „kalt". Jetzt haben wir verschiedene Möglichkeiten, an so eine Jacke zu kommen. Klauen, das nur nebenbei erwähnt, ist die ökologischste Methode, solange Sie mit dem Fahrrad flüchten. Das soll keine Anstiftung sein, nur eine kleiner Einwurf. Die legalen Möglichkeiten an so eine schnieke Jacke zu kommen sind erstmal folgende: Internethandel oder örtlicher Händler. Als Gutmenschen entscheiden wir uns für den örtlichen Händler, vorrangig, weil es eigentlich eine Farce ist, die Arbeitsbedingungen, sowohl von den Onlineversandhändlern als auch von den Paketboten, zu unterstützen. Ebenfalls wollen wir aus umwelttechnischen Gründen eben nicht drei verschiedene Modelle in jeweils drei Größen bestellen, um den Rest dann wieder zurückzuschicken und damit die Umwelt noch unnötiger zu belasten. Selbe Entscheidung, selbes Argument? Glückwunsch, Sie sind auf dem besten Weg, ein unerträglicher Gutmensch zu werden. Aber wir suchen weiter nach der Jacke: Wir haben uns jetzt für einen einigermaßen seriösen, örtlichen Händler entschieden. Und nein, machen wir uns nicht's vor, die Wahrscheinlichkeit, dass wir eine fair-produzierte Jacke kriegen, ist äußerst gering. Wir haben uns aber für den unserer Meinung nach seriösesten Händler entschieden, eventuell sogar gegen einige der großen Kleidungsketten, deren Produktionsbedingungen ähnlich gut sind wie die Luft in Shanghai frei von Smog ist. Nach langem moralischen Gezetere sind wir nun endlich im Laden angekommen und schreiten ganz motiviert in die Abteilung kuschelig warm und wasserdicht, für den deutschen Winter geeignet. Da hängt sie dann: Unsere moralische

Auswahl. Auch hier machen wir uns das Leben wieder ein bisschen schwer, um uns selber ein bisschen besser zu machen. Muss es denn etwas pelziges sein? Auch wenn das alle tragen, auch wenn es vielleicht Kunstpelz ist (selbst da kann man als Kunde nie ganz sicher sein), stellt sich hier die entscheidende Frage: „Braucht's das jetzt?". Schnell werden wir feststellen, dass wir keine wirklich rationalen Argumente für den Pelz haben, nur dagegen. Aus dem einfachen Grund, dass es für die widerliche, ekelhafte Massenpelzproduktion, bei denen Tieren teil's bei lebendigem Leib das Fell abgezogen wird, nachdem sie vorher stundenlang dabei zugesehen haben, wie ihren Artgenossen bei lebendigem Leib das Fell abgezogen wurde, keine Argumente gibt, absolut gar keine. Mit diesem Bild im Kopf stehen wir dann da beim örtlichen Händler unseres Vertrauens und es ist etwas passiert, in uns, und das ist ganz wunderbar.

Um unseren neu gewonnenen Grundgedanken weiterzudenken, überspringe ich ein paar Monate: Neuer bevorstehender Winter, neue Saison. Alle kaufen wieder wie die Verrückten neue Jacken und neue Mäntel. Das Schautragen beginnt spätestens an Allerheiligen beim Gräberumgang (zumindest im wohlchristlichen Bayern und auch wenn es noch 18 Grad hat) und diesmal fragen wir uns schon bevor wir in den Laden gehen: „Braucht's das jetzt? Braucht es jetzt jedes Jahr ein neues, schniekes Mäntelchen? Nur damit's den anderen gefällt? Nur damit wir mit der Mode gehen? Nein. Das braucht's nicht.".

Diesen Konsumgedanken kann man übrigens auch sehr schön auf die wöchentlichen Lebensmitteleinkäufe anwenden. Hier ist er besonders wichtig! Einfach mal die Nudeln im Karton anstatt die in der Folie kaufen. Braucht's die Avocado in den Salat jetzt unbedingt? Wenn ja, braucht's die wirklich jeden zweiten Tag? Kann man nicht mal die losen Äpfel aus Deutschland kaufen und sie in einem Stoffbeutel zur Kasse transportieren? Nein, das müssen nicht unbedingt die verpackten aus Spanien sein. Den Blick für solche Kleinigkeiten mal zu öffnen macht einen wirklich sehr frei – und das tut gut.

Hat man sich einmal an diese Art des Konsumdenkens gewöhnt, stellt man vieles in Frage. Nicht alles davon macht es leichter, öfter einmal packt einen wirklich das schlechte Gewissen. Aber im Grundsatz fangen wir dann damit an, Dinge wieder mehr wertzuschätzen. Wir sehen vermehrt, was hinter den Dingen steckt, die wir unser Leben lang, ganz ohne darüber nachzudenken, einfach konsumiert haben.

Der nächste Schritt ist wohl auch der entscheidendste in unserem Gutmenschen-Dasein: die Belehrung. Ja genau, wir fangen an, eine ekelhaft lästige, total aufdringliche, belehrende Art an den Tag zu legen. Zur Sicherheit: Diesen Schritt gehen wir erst, wenn wir uns versichert haben, dass wir wirklich, wirklich gute

Freunde haben, die uns nicht einfach sitzen lassen. Denn wenn wir anfangen, diesen Schritt zu leben, wird's für die anderen erstmal richtig anstrengend – das halten nicht alle aus. Das halten nur die Guten aus. Aber da wir uns ja eh mit denen umgeben wollen, ist es völlig in Ordnung, wenn's nicht alle aushalten.

Wir belehren also unsere Mitmenschen. Sie schauen jemandem zu, wenn er etwas schlecht löst, wissen, wie es besser geht und sagen es ihm. Soweit so gut, klingt erstmal einfach. Allerdings werden Sie schnell feststellen, dass Sie oft argh eingeschlichene Gewohnheiten von anderen kritisieren und genau das wollen diese anderen auf keinen Fall hören.

Beispiel Nummer 1: Der Kollege trinkt sein Wasser aus Plastikflaschen vom Discounter, bäh. Da wir uns ja intensiv mit den Thematiken Umwelt und Müllproblematik beschäftigt haben (wir gehören ja schließlich zu den Guten) und frei nach dem Motto „Einweg ist kein Weg" leben, finden wir das nicht sehr sinnvoll und sprechen ihn freundlich darauf an, dass man das besser lösen könnte, mit Mehrwegflaschen zum Beispiel. Für die erste Ansprache schlage ich folgende, noch recht freundliche Floskel vor: „Waah, das ist ja ekelhaft, Plastikflaschen! Geht's noch? Einweg ist kein Weg, man!". Der Kollege wird Sie irritiert anschauen und die Aussage vermutlich kopfschüttelnd ignorieren. Jetzt heißt es dranbleiben! Die nächsten Wochen bitte immer in der Nähe und gesprächsbereit sein, wenn der

Kollege zum Trinken ansetzt. Das wird Sie einiges Ihrer Arbeitszeit kosten – aber ein guter Chef versteht's. Ein unguter ist es eh nicht wert. Also, jedenfalls immer wenn der Kollege künftig ansetzt, um sich einen Schluck aus seinem Plastikfläschchen zu gönnen (die dabei immer noch so furchtbar nervtötend knackt, wenn sie sich zusammenzieht) daneben stehen und sofort einen Spruch in herablassendem Tonfall loswerden: „Einweg ist kein Weg.", „Schämst du dich eigentlich nicht?", „Hast du mal gesehen, was in den Weltmeeren abgeht?", „Plastik setzt sich im Wasser ab.", „Ich finde das ekelhaft und fühle mich belästigt.". Das sind nur einige der Möglichkeiten. Ich garantiere Ihnen – sie haben nachher sicherlich einen Freund weniger. Aber irgendwann ist der Typ so genervt, dass er sich einen Kasten Glasflaschen kauft, nur damit sie endlich die Klappe halten, zack – Ziel erreicht! (Unvorteilhaft wäre es natürlich, wenn Sie selbst aus Einwegflaschen trinken, aber da Sie schätzungsweise zu den Intellektuellen, Guten gehören, gehe ich an dieser Stelle nicht davon aus. Wenn doch – rufen Sie mich an. Ich begleite Sie gerne ein paar Wochen täglich und führe selbige Prozedur an Ihnen durch.)

Beispiel Nummer 2: Mülltrennung. Die meisten deutschen Büros sind ausschließlich mit Papierkörben ausgestattet. Die meisten deutschen Büroangestellten sind allerdings zu faul, die klitzekleine Schokoladenverpackung extra in den Restmülleimer der Betriebsküche zu tragen und lassen sie, still und heimlich, sich umsehend, dass niemand zuschaut, im Papierkorb verschwinden. Ist ja nur das kleine Ding, das kann ja nicht so viel ausmachen. Aber – wir sind gut, wir sind radikal und das werden wir denen schon austreiben. Schritt 1: Wir erklären die Situation. Eigentlich wie im Beispiel 1 mit der Wasserflasche, warten wir die Situation ab (Kollege schmeißt Schokoladenverpackung in den Papierkorb) und klären ihn dann in ekelhaft, unterträglich belehrendem Tonfall über sein Missverhalten auf. So weit so gut, wieder werden wir mit einem Augenrollen bestraft – aber das kennen wir ja jetzt schon. Gut sein ist eben hart, da muss man was wegstecken können. Nun empfehle ich, sich für das weitere Vorgehen ein unverkennbares Räuspern zuzulegen. Ruhig mal zu Hause vorm Spiegel üben, richtig unangenehm „Chrm, chrm!" mit ordentlich Nachdruck. Erst, wenn der Hund des Nachbarn bei Ihrem Räuspern den Schwanz einzieht und winselnd wegrennt, ist es gut genug! Dieses Räuspern wenden wir nun immer an, wenn etwas in den Papierkorb fliegt, was da nicht rein gehört. Immer. Ich garantiere Ihnen, die anderen werden Sie abgrundtief hassen. Es werden Teile nach Ihnen fliegen - wenn Sie Glück haben, nur die Verpackung der Schokolade, wenn sie Pech haben, ein Locher oder der ganze Papierkorb. Wenn Sie die Wurfattacken überleben, haben Sie Ziel eins erreicht, die Umdenkphase beim Gegenüber beginnt. Nun steuern Sie dieses Umdenken, indem Sie einen kleinen Mülleimer in der Nähe installieren. Ziel zwei ist dann erreicht, wenn die Verpackungen dort rein wandern anstatt in den Papierkorb – herzlichen Glückwunsch! Wieder zwei Freunde weniger, aber was für die Nachhaltigkeit getan! Fühlt sich das nicht gut an?

Des Weiteren gehört zu einem Gutmenschen-Dasein auch, dass man Dinge meidet, die völlig unnötig verpackt sind und damit viel zu viel Müll verursachen. Zu einem richtigen Gutmenschen gehört aber ergänzend, dass man das auch seinen Mitmenschen deutlich macht. Beispielhaft hierfür haben sich die geschälte, in Plastik verpackte Ananas, sowie die geschnittenen, eingeschweißten Käsewürfel in mein Gehirn eingebrannt. Geht's eigentlich noch? Da das Zeug bis heute nicht aus den Supermarktregalen verschwunden ist, gehe ich stark davon aus, dass es tatsächlich gekauft wird. Also müssen wir als Weltverbesserer hier ansetzen. Netteste Methode dabei ist der tödliche Blick. Den haben wir in den Situationen vorher ja schon mehrfach eingesetzt und geübt und beherrschen ihn jetzt schon so gut, dass sich Nachbars Bello nicht mal mehr auf hundert Meter an uns rantraut. Bei solch fatalen Umweltverbrechen darf man aber gern noch zu gesteigerten Methoden greifen. Ruhig mal den Käufer fragen, ob er denn zu blöd ist, eine Ananas zu schälen? Ob er vielleicht kein Messer besitzt, das geeignet ist, Käse zu schneiden? Dabei bitte, bitte den ernsten, ehrlichen Tonfall nicht verlieren (kein Geschrei oder Geschimpfe, auch wenn's schwer fällt – Selbstdisziplin ist hier angesagt), denn dieser Tonfall erst verleiht dem Ganzen die nötige Härte. Im Übrigen: die beste Wirkung zeigen solche Sätze, wenn sie in der passenden Umgebung ausgesprochen werden. Also quasi Samstag Vormittag um 11 an der Supermarktkasse im Hochsommer bei 30 Grad und ausgefallener Klimaanlage, bei vier geöffneten Kassen, an denen jeweils 10 Personen warten. Wenn die Hintermänner(-frauen) an der Kasse sowieso schon Panik wegen ihren gekühlten Lebensmitteln schieben, bei denen sie die Kühlkette gerade um fünf Minuten unterbrechen und deshalb vermutlich schlimme Krankheiten bekommen (Klischee-Mensch-Alarm!). Genau dann, in diesem Moment einen dieser Sätze loslassen. Auch wenn es Ihnen keiner danken wird - das ist wahrer Einsatz für eine bessere Welt!

Belehrung funktioniert natürlich noch auf vielen anderen Ebenen, in fast allen Situationen des täglichen Lebens. Und jaaa – irgendwann fängt es an, verdammt viel Spaß zu machen!

Grundsätzliche Lebensstilbelehrungen zum Thema Gesundheit sind immer wieder sehr amüsant und mal ehrlich – wer an der Supermarktkasse in die Einkaufswägen vor und hinter sich blickt – auch dringend nötig! Es ist mir ein Rätsel, wie es die Menschheit schafft, ihr Durchschnittsalter immer weiter zu erhöhen, obwohl sie den Schund, den sie als Essen bezeichnet, in sich hinein schaufelt. Da gibt es leckeren Fruchtjoghurt ganz ohne Früchte, fertig gebackene „Pfannkuchen" in

Plastikfolie im Kühlregal (kein Scherz!). Tiefkühlpizza mit Salami, die keine Salami ist und Käse, der kein Käse ist. Nicht zu vergessen all die anderen Geschmacksverstärker und Konservierungsstoffe, die unsere Geschmacksnerven so vernebeln, dass wir früher oder später Schokolade und Leberwurst nur noch an der Konsistenz, aber nicht mehr am Geschmack auseinander halten werden können. Nachdem wir uns ja jetzt zu Gutmenschen radikalisiert haben, können wir das nicht so stehen lassen. Wenn Sie im Freundes- oder Familienkreis jemanden haben, der hier mal eine kleine Belehrung vertragen könnte – immer ran! Lassen Sie sich gerade bei dieser Thematik ja nicht von einem schlechten Gewissen zur Verharmlosung der Aktion verleiten.

Raucherbelehrung ist eine meiner absoluten Lieblingsdisziplinen. Eigentlich schon lange abgedroschen, aber immer wieder nötig. Als Ex-Raucher darf man das sowieso! Immer schön laut husten und hektische, fächernde Bewegungen mit den Händen vorm Gesicht machen. Darauffolgend den Pullover als Atemschutz über Mund und Nase ziehen. Dabei den Blick nicht vergessen, der sich irgendwo zwischen Herablassung und Ekel bewegt. Auch den ruhig mal zu Hause vorm Spiegel üben. Jetzt denkt man natürlich: Lasst doch die Raucher in Ruhe, die sind doch erwachsen (offiziell zumindest, wenn sie die Kippen kaufen), die können das selbst entscheiden. Das ist alles gut und recht, die Leute sind erwachsen, sie entscheiden sich eine zeitlang selbst für das Rauchen der Zigarette. Aber irgendwann kommt der Punkt, da programmiert sich das Gehirn ins Suchtverhalten und ab, da entscheiden sie nicht mehr selbst. Ich kenne keinen Raucher, der nicht gerne aufhören möchte. Keiner ist mir jemals entgegen getreten und hat gesagt: „Geiler Scheiß, ich liebe diese Raucherei. Dieses Abhängig-sein, nur noch husten und ächzen beim Treppensteigen, draußen in der Kälte stehen und jeden Tag 5 € in die Luft blasen. Find ich mega!". Genau aus diesem Grund bin ich absolut dafür, sie zu triezen – manchmal braucht es eben einen kleinen Arschtritt. Man darf nur nicht vergessen, auch irgendwann seine nette Seite wieder auszupacken. Vergessen Sie nie, einem Raucher, der aufgehört hat, Ihren Respekt auszusprechen. Auch wenn es erst ein paar Tage sind. Ein „Das hältst du eh nicht durch", das eigentlich positiv provozieren soll, ist meistens eher Gift für solche Menschen, ein ehrliches „Wow, find ich gut." jedoch immer eine gute Wahl.

Damit leiten wir ein in den nächsten wichtigen Punkt unseres „Gutmenschen-Daseins": Nette, ehrliche Worte. In einer Welt voller widerlicher Missgunst, voller 'Höher, schneller, weiter' haben wir völlig verlernt, uns gegenseitig mal was zu gönnen! Der Nachbar hat ein neues Auto? Wie schön! Ist unser rostender, alter Golf geiler, nur weil wir ihm das neue Auto nicht gönnen? Nö, deshalb tropft weiterhin Öl und der Auspuff scheppert. Durch fast jedes halbwegs intelligent geführte Gespräch zieht sich ein roter

Faden: Man versucht, die vorherige Geschichte des Gesprächspartners zu überbieten. Sowohl in die positive, als auch in die negative Richtung – welch Absurdität. „Ich war letztens auf Rundreise in der Türkei..." - „Schön! Also unsere USA Reise hat mir wesentlich besser gefallen als die Türkeireise von vor drei Jahren...".

„Ich glaub, ich hab mir das Handgelenk verstaucht..." - „Oje.... aber ich sage dir, mein Rückenleiden ist echt die Hölle!".

Was ist das für eine unsoziale Gesellschaft? Wie Likegeil sind wir denn geworden, dass wir sogar in nicht-digitalen Gesprächen darauf haschen, etwas zu erzählen, was mehr beeindruckt als die Geschichte des anderen? Wir sollten uns dringend daran machen, diese scheußliche Angewohnheit wieder abzulegen.

Um diese schreckliche Angewohnheit wieder loszuwerden, müssen wir erstmal eines wieder lernen: Zuhören. In einer Welt, in der wir nicht einmal mehr die Zeit haben, einen Kaffee an Ort und Stelle zu trinken, in der wir während dem Gespräch am Handy gleichzeitig unsere Mails aus der Arbeit checken und beantworten, in so einer Welt haben wir völlig verlernt, unserem Gegenüber zuzuhören. An guten Tagen können wir vielleicht den Inhalt der Sätze wiedergeben, die uns da gerade entgegen geschleudert wurden – aber die Stimmung, die Haltung des Gesprächspartners, seine wirkliche Einstellung zum angesprochenen Thema – das sind für viele Leute heutzutage Rätsel höherer Psychologie, für die sie erstmal ein Seminar besuchen müssten. Welch ein Graus! Es ist doch alles so einfach. Gehen Sie offen auf die Menschen zu, seien Sie offen für Informationen, die zwischen den Zeilen stecken, und das Wichtigste: Nehmen Sie sich Zeit. Nehmen Sie sich Zeit für ein gutes Gespräch und Sie werden merken, wie gut es tut, wie lange Ihre Motivation und Ihr Antrieb davon zehren können.

Hoppla, das war ja jetzt fast ein halbesoterischer Ausflug, Schluss mit dem Walle-walle-das-Leben-ist-schön-Zeug. Schließlich wollen wir ein unerträglicher Gutmensch werden und die Welt verbessern.

Wir geben uns also Mühe, den anderen wieder zuzu-hören. Allen! Bitte auch denen, die wir von Anfang an erstmal doof finden. Die besten Bindungen entstehen oft zu Menschen, bei denen wir uns am Anfang denken: „Oh gott, was für ein ****.". Natürlich, manchmal haben wir recht, derjenige ist wirklich ein Volltrottel und wir haben einen Abend Lebenszeit, Gesprächszeit und Nerven geopfert, um dann schluss-endlich doch unseren ersten Eindruck zu bestätigen und letztendlich sagen zu können – ja genau, ein Voll-idiot. Wenn das der Fall ist: Abhaken und unter Erfahrungswerte speichern. Wenn das nicht der Fall ist: Glückwunsch!

Sobald das mit diesem „Zuhören" dann wieder läuft, können wir uns langsam daran wagen, diese ekelhafte, allgegenwärtige Gesprächskultur a lá „ich-habe-eine-bessere-Story-zu-bieten" aufzugeben und sie zu ersetzen durch ehrliche Menschlichkeit. Ehrliche Freude für etwas Schönes, das der andere zu erzählen hat. Fragen Sie sich mal, wann Sie das letzte Mal gesagt haben: „Wow, toll, da freu ich mich für dich!" und zwar ehrlich. Ja genau, gründlich nachdenken. Das kann schon sehr lange her sein. Unbedingt mal wieder machen! Gleiches gilt natürlich für schlechte Nachrichten: Mal tatsächlich teilhaben, ein bisschen mitfühlen und trösten. Nicht versuchen, die schlechte Nachricht des anderen überbieten zu wollen. Das stärkt die Menschlichkeit, das hilft dem Miteinander.

Neben der manchmal doch recht unangenehmen Aufgabe der Belehrung hat das Gutmenschen-Dasein natürlich noch einige andere schöne Facetten. Man kann es sich ja schließlich nicht ständig mit seinen Mitmenschen versauen. Der immense Vorteil als Gutmensch ist, dass man allen (und allem!) gegenüber sehr offen auftritt. Das heißt, man kann ganz wunderbar alleine irgendwo hingehen und wird nie enttäuscht zurückkommen, weil: 1. Option: Man ist dem Alleinsein gegenüber offen und genießt die Zeit. 2. Option: Man quatscht einfach wildfremde Menschen an und freut sich über bereichernde Gespräche. Ja, klingt wild, was? Das ist tatsächlich eine der größten Überwindungen der derzeitigen Gesellschaft – irgendwo alleine hingehen. Was sagen denn da die Leute? Wenn man da allein sitzt und eventuell trinkt man – ganz alleine! - ein Gläschen Wein an Ort und Stelle. Ich sag Ihnen, was die meisten anderen Leute sagen: „Ohh, der/die hat bestimmt Probleme... Keine Freunde... Betrinkt sich sinnlos...". Jawohl, die anderen Leute denken genau diese schlechten Sachen, von denen wir glauben, dass sie sie denken. Das mal auszusprechen schadet ja nicht. Aber – was ändert das denn an uns? Stehen Sie da mal drüber! Seien Sie mal mutig! Oftmals ist einer oder eine dabei, die nicht so schlecht denkt. Die sich vielleicht dazu setzt und man unterhält sich ganz wunderbar. Nicht über die Dinge, über die man sich sonst ständig (gäääähn...) mit Bekannten unterhält, nein, über ganz, ganz andere Dinge und neue Perspektiven und das ist toll! Wenn nicht, dann sitzt man da und schaut den anderen zu. Schaut ihnen dabei zu, wie sie zwischen Smartphone und Gespräch hin und her switchen. Wie sie sich aufplustern, um ihrem Gegenüber zu gefallen oder, ganz im Gegenteil, gelangweilt am Gesprächspartner vorbeischauen, irgend einem Gedanken hinterherhinkend.

Obwohl wir uns durch langwierige, harte Arbeit (und mit viel Spaß) zu einem wunderbaren Gutmenschen entwickelt haben, haben wir doch noch ein Problem. Dieses Gefühl, das wir alle kennen und das auch vor Gutmenschen nicht halt macht. Dieses schleichende Drücken in der Magengegend, der erhöhte Puls, vielleicht sogar Schweißperlen auf der Stirn. Genau: Angst. Auch vor guten Menschen macht Angst nicht halt – sie ist ein Urinstinkt, ohne den wir wohl schon vor Jahrtausenden ausgestorben wären. Das ist gut zu wissen, Angst kann gut sein, um zu überleben. Da wir unsere natürlichen Feinde wie Säbelzahntiger und Mammuts, vor denen wir tatsächlich Angst haben sollten, mittlerweile los sind, suchen wir uns andere Gründe, um ein bisschen Angst zu haben. Gerne haben wir aktuell wieder vermehrt Angst vor Ausländern und/oder Flüchtlingen. In diesem Zuge natürlich auch vor dem Verlust all unseres Vermögens, alles Hab und Gut, dass wir uns über Jahre erspart und angesammelt haben, könnte verloren gehen. Die eine Angst schürt die andere oder besser: Die eine Angst wird systematisch missbraucht, um die andere zu schüren und das ist ein grauenvolles Werk.

Aber – jetzt kommt die gute Nachricht! Wir gehören zu den Guten und deshalb haben wir auch hierfür eine Lösung. Ich verspreche: Sie ist saumäßig anstrengend, aber genauso bereichernd in allen Lebenslagen. Der Grundansatz klingt erstmal gleichzeitig verstörend und simpel: Stellen Sie sich doch mal die Frage, ob Sie das Recht auf diese eine spezifische Angst haben, die Sie gerade umtreibt. Gut, ist jetzt erstmal komisch. Weil, wieso soll man kein Recht auf ein Gefühl haben? Der gedachte Grundansatz des „Rechts" auf eine Angst ist aber ein ganz anderer. Zur Erläuterung führe ich das oben angefangene Beispiel aus:

Wir ertappen uns also bei dem Gedanken, dass wir etwas Angst vor „diesen Flüchtlingen" haben über die immer so viel Schlimmes berichtet wird. Wir sind ja eigentlich nicht so (auch eine der schönsten Argumentationen unserer Zeit), aber wir merken doch, dass wir ein leichtes Drücken in der Magengegend bekommen, wenn wir daran denken, dass da im Nachbarhaus jetzt ein paar „von denen" einziehen. So weit so gut, das ist dann wohl mal Fakt. Jetzt haben wir, als moderne Wohlstandseuropäer zwei Möglichkeiten, dieser Angst zu begegnen. 1. Option: Wir werden aggressiv, schotten diese Menschen noch mehr ab, und fangen an zu hetzen. Scheiß Option, merken Sie vermutlich selbst.

Die 2. Option ist folgende: Man setzt sich in einem ruhigen Moment auf einen Stuhl und denkt darüber nach, ob es jetzt wirklich fair ist (ob man also ein Recht darauf hat) vor Menschen Angst zu haben, mit denen man noch niemals eine schlechte oder überhaupt irgendeine Erfahrung gemacht hat. Das sei unbedingt aufgeführt – weder ein Artikel aus der Bildzeitung, noch die Horrorgeschichte der Freundin eines Schwagers der örtlichen Metzgerin zählen hier als Erfahrungswert! Das ist in meinen Augen die deutlich bessere, ja wertvollere Option. Wenn man sich nämlich diese Frage mit dem nötigen Ernst und vor allem der nötigen Distanz zu sich selbst stellt, beginnt eine wichtige Phase der Selbstreflexion. Man merkt dann ganz schnell, dass man eigentlich überhaupt kein

Anrecht hat, vor Menschen Angst zu haben, die man gar nicht kennt, die noch nicht einmal die Chance hatten, sich vorzustellen. Wenn man dann noch die Stärke hat, auf diese Selbstreflexion etwas Selbstdisziplin folgen zu lassen, dann kann man mit ordentlich Schwung über seinen Schatten springen und den Menschen eine faire Chance geben. Und ich verspreche: Das fühlt sich richtig gut an.

Schafft man es immer wieder, diesen einen Schritt zurück zu treten und sich seine Situation objektiv und unvoreingenommen anzuschauen, kann man sogar noch zwei oder drei weitere Schritte zurück treten und seine Situation im Verhältnis zum „großen Ganzen" betrachten. Ja, natürlich ist es furchtbar abgedroschen dieses Ganze „Woanders verhungern Menschen, und du machst dir jetzt über sowas nichtiges Gedanken... blablabla... nerv...!". Ernsthaft – richtig, richtig abgedroschen. Aber ich muss Sie enttäuschen: Nur weil es abgedroschen ist, muss es nicht an Wahrheit verloren haben. Genau hier beginnt die Kunst Einzelner, ihre Probleme und Sorgen, ihre ganze Gedankenwelt zu relativieren, weil sie im Großen und Ganzen nur furchtbar winzig klein sind. Diese Kunst, diese Art der Betrachtung kann ein derartiges Loslassen, eine Grundleichtigkeit mitbringen, dass man plötzlich wieder Kraft findet für ganz andere Dinge! Probieren Sie es aus!

Der schönste Nebeneffekt dieses Entwicklungsprozesses ist jedoch, dass man etwas lernt was meines Erachtens der einzig wahre Schlüssel zu einem Leben ist, dass sich für einen selbst und auch für andere einfach gut anfühlt. Man lernt über sich selbst zu lachen. Und zwar in absolut jeder Lebenslage – und genau das ist unglaublich bereichernd. Machen Sie Fehler – ja unbedingt! Ärgern Sie sich darüber – auch unbedingt, man soll ja daraus lernen! Aber erreichen Sie den Punkt, an dem Sie über sich selbst und Ihren Ärger lachen können. Es ist eine Kunst und es ist sicherlich nicht immer einfach. Aber es wird Ihnen jeden Schritt im Leben erleichtern. Sie können größere Sprünge wagen, wenn Sie die Gewissheit haben, dass Sie, im Falle eines Sturzes nicht um ein Lachen verlegen sind.

Genau diese Sichtweise lässt uns wieder zurück zum Anfang kommen. „Wo sucht man den Anfang allen Übels?". Aber vielleicht sollten wir einen viel, viel wichtigeren Anfangspunkt suchen. Den Anfangspunkt, den jeder für sich selbst setzen kann. Den Anfang, an dem man beginnt, dieses „Übel" zu bekämpfen. Möglicherweise im Kleinen – für sich selbst, gemeinsam mit der Familie. An dem man versucht, es einfach etwas besser zu machen als beim letzten Mal. Der durchdachtere Einkauf, der bewusstere Konsum, aber auch der menschlichere Umgang untereinander. Diesen Anfang zu wagen ist so viel wichtiger als darüber zu grübeln, wer oder was die Welt letztendlich zu einem manchmal doch schlechten Ort gemacht hat. Viel wichtiger ist es, für sich selbst zu entscheiden, dass man die Welt während seiner Lebzeit zu einem besseren Ort machen möchte. Stellen Sie sich vor, wie großartig es wäre, wenn jeder mit dieser Einstellung durch's Leben gehen könnte. Wenn jeder sich dieses eine Lebensziel setzt: „Ich möchte die Welt ein kleines Stückchen besser machen.". Vielleicht würde manchmal schon der Ansatz reichen: „Ich möchte die Welt nicht schlechter machen.". Es wäre so wunderbar, wir bräuchten keine Hilfsorganisationen mehr – weil es uns nicht mehr in den Sinn kommen würde, ärmere Länder aus Profitgier auszubeuten. Wir bräuchten keine radikalen Umweltschützer mehr, weil es uns nicht im Traum einfallen würde, Tiere in Massenhaltungen zu quälen, ganze Wälder zu roden und unseren Müll im Meer zu entsorgen. Wie großartig wäre es, wenn wir keine Soldaten und Ärzte mehr in Kriegsgebiete schicken müssten, weil es keine Kriegsgebiete mehr gäbe. Mit dieser tollen Vorstellung möchte ich meinen finalen Appell verbreiten: Nehmen Sie sich Zeit und überdenken Sie ihre Grundeinstellung. Fangen Sie heute an, Ihren Anfangspunkt zu setzen, den Anfangspunkt für eine bessere Welt. Tun Sie, was Sie tun können – reißen Sie andere Menschen mit, das auch zu tun. Ich verspreche Ihnen, Sie werden belohnt, nicht mit Gold und Silber, nicht mit teuren, materiellen Gütern. Sie werden belohnt werden mit innerer Gelassenheit, Zufriedenheit und Glück.